EL SECRETO DE LA VIDA Y LA ABUNDANCIA

ALEXANDRU BOGDAN VODA

Copyright © 2023 Alexandru Bogdan Voda

Todos los derechos reservados.

ISBN: 9798386319786

Traducción: Ibelis Santos Ruiz

DEDICATORIA

A la memoria de Radu Calu, el primer millonario que conocí hace mucho tiempo y del que aprendí cosas extraordinarias. Desafortunadamente, falleció muy joven, dejando atrás solo su ceniza, esparcida al viento sobre el Océano Atlántic

CONTENIDO

	Agradecimientos	i
	¿Estás listo?	1
1	Primera llave: "Tu YO del futuro"	9
2	La segunda llave - "El dinero"	19
3	La tercera llave: "Las personas"	27
4	La cuarta llave "Libertad"	33
5	La 5 llave "Valentía"	41
6	La sexta llave "El miedo"	45
7	La séptima llave "La FE"	53
	Felicidades	67

AGRADECIMIENTOS

Gracias a todos los que han pasado por mi vida, los que han estado más cerca o más lejos de mi corazón y de mi alma. Gracias a mi esposa Iza, siempre tan paciente conmigo y quien ha conseguido entender que el dinero no es lo más importante de nuestra vida. Gracias a mi hija que me trae alegría cada día cuando me abraza y me quiere con un amor incondicional. No puedo enumerar todas las personas que han estado cerca de mí, ya que seguro, me olvidaría de alguien; así que si me conoces en persona, quiero que sepas que estoy agradecido de tu existencia y sé que has aparecido en mi vida por alguna razón. Habéis sido, sois y seréis un capítulo del libro de mi vida. Nada ocurre en la vida sin una razón, y vosotros, mi familia, amigos y mis conocidos sois parte de esta razón..

¿Estás listo?

Cuando empecé a escribir este libro estaba en una playa del océano Atlántico, acostado en la arena aún fresquita de la mañana y con altas montañas a mi espalda. Reinaba el silencio. Las olas rompían la quietud del mar, desgarraban e interrumpían el placentero silencio de esa mañana. A lo lejos, unos cuantos pescadores se ganaban el pan, y aseguraban el sustento para los turistas y para sus familias. Fue entonces que tuve una idea de millones. Una idea que decidí poner en práctica de inmediato y tenía que moverme muy rápido. Molesté a mi esposa, que disfrutaba de los acogedores rayos del sol, y le rogué que fuera a comprarme una libreta y un bolígrafo.

Al rato regresó con las cosas que le pedí.
-¿cuánto te han costado? -le pregunté con una sonrisa.
-¡Ochenta céntimos! -respondió ya dándome las cosas.

-Ahora voy a enseñarte como alguien hace de ochenta céntimos un millón de euros!-le dije y me senté de nuevo al sol, encendiéndome un cigarrillo.

Empezó a reírse, ya sabía que podía hacer dinero con casi nada. Para mí nada era imposible. A los 38 años, sería una empresa de éxito, un descapotable de lujo, un piso en una capital europea, una masía en el campo, una casa vacacional al borde del océano dónde podría retirarme y escribir tranquilamente, tendría una independencia financiera que me permitiría viajar, conocer otros países y otras ciudades cada mes. Disfrutar de veranos en la playa y esquiar en el invierno.

No necesitaba un millón de euros, aún así no me disgustaba si en mi vida aparecía tal suma, y cómo no, ¡la oportunidad de ganarla! Probablemente te preguntes cómo sé que este libro me va a traer un millón de euros. Muy sencillo, si tienes acceso al mundo paralelo de la Base Universal de Información del Universo, sabrás de antemano qué cosas te pueden traer beneficios. Las cosas se hacen muy simples y el dinero no tarda en aparecer cuando sabes a lo que tienes que acceder y lo que tienes que hacer.

Soy un hombre libre al que no le condiciona un trabajo o el trabajo de los demás. Me di cuenta que trabajar con tus propias fuerzas no significa hacer dinero. En este momento, mientras escribo, otras personas trabajan para que mi vida sea más placentera. Son de aquellos que no están hechos para tener una independencia financiera y que representan el 96% de la población mundial, son los que trabajan para el 4% donde me incluyo yo. Sé que voy a parecerte egoísta al decir esto, pero así quiero enseñártelo en este libro. Por eso quiero que tú, que en este momento estás sosteniendo este libro, te subas por encima de aquel montón, de ese 96% de personas muy infelices hacia este maravilloso 4% de personas felices.

Hay quienes consideran que no está bien que las personas accedan a esta información. Me aconsejaron, incluso hasta con todo amenazador, para que no publicara este libro. Y yo me pregunto: ¿es que acaso no somos todos iguales? ¿No tenemos los mismos derechos? Ya estoy cansado de ver personas pobres, infelices, personas sin futuro, así que nada ni nadie me va a detener. Voy a escribir este libro bajo un seudónimo, y no lo hago para evitar que los que me han amenazado puedan encontrarme porque ellos saben perfectamente quién soy, sino para aquel 96% de personas infelices que no necesitan conocerme. Solo así podré pasar desapercibido y llevar una vida hermosa y tranquila.

Quiero andar sereno por las calles, entrar tranquilamente en una tienda y, como hasta ahora, seguir pasando inobservado. Imagina qué sucedería si Bill Gates entrara en la tienda de la esquina de tu calle.

Creo que todo el mundo se amontonaría a hacerse fotos con él e irse a casa con al menos un autógrafo. Posiblemente, para algunos tener admiradores y ser famosos sea una aspiración, pero para mí permanecer en el anonimato, es mucho más importante. Tú en cambio, eres libre de elegir lo que quieras ser. El universo tiene un lugar para ti, un lugar donde todo el mundo es feliz.

Tienes mucho que aprender. Va a ser difícil al principio, pero una vez que llegues aquí en nuestro pequeño universo, no vas a poder retroceder nunca más allá abajo donde empezaste. No tendrás ya más la obligación de levantarte temprano, sólo probablemente si quieres ver el amanecer, o para no perder el vuelo de tu siguiente viaje por el mundo. Piensa cómo sería levantarte por las mañanas, totalmente relajado y con una sonrisa en la cara, beber tranquilamente tu café mientras lees el periódico o si no vaguear sin más, meditando mientras los rayos de sol mañanero te acarician. Sentarte en una playa llena de gente, incorporarte en el medio y saber que entre todos, tú eres especial, poder mirarlos, escucharlos, y darte cuenta que todos trabajan para que tú estés mejor. Después del almuerzo, disfrutar relajándote con todo lo que necesitas y quieras, leyendo un libro o navegando por Internet, hasta que llega la tarde para salir a dar un paseo por la avenida principal, perderte entre la multitud que viene de todos los rincones del mundo a disfrutar de unas vacaciones de diez días para las cuales han trabajado un año entero, mientras tú te pasas la vida de vacaciones y trabajas diez días al año.

Vas a tener lo que tengo yo ahora: Ausencia de temores. Independencia financiera; no vas a tener miedo a la pobreza, ni a las críticas, ni a las enfermedades, ni a los desamores, ni siquiera tendrás miedo de perder tus libertades o de envejecer; ya que cuando te llegue la muerte, la vas a esperar sin lamentos, porque ya habrás hecho todo lo que querías hacer en la vida. Los primeros pasos son los más simples, pero para alguien que no está acostumbrado a la abundancia financiera, éstos primeros pasos son los más difíciles y los más pesados de seguir. Probablemente por este motivo, solo algunos de los que lean este libro conseguirán superar estos primeros pasos y llegar a los siguientes. Es como si llegaras a un poblado lejano y aislado, donde ni siquiera hay electricidad, e intentaras venderles un aparato de fitness. Posiblemente con mucha maña, consigas vender alguno, pero al final no será más que una pieza de museo en la casa del comprador.

Lo mismo pasa con mi libro en las manos de una persona que no respeta con exactitud los primeros pasos. Siete es un número mágico. Es un número sin el cual, la humanidad no existiría. Dios hizo el mundo en siete días, siete días tiene la semana, 777 el número de la suerte en los casinos, siete enanitos tenía el cuento de Blancanieves y tantos otros ejemplos. Posiblemente te tomará siete meses o siete años seguir los pasos anotados en este libro. Por supuesto aquí también hay siete pasos mágicos. Siete escalones hacia tu abundancia, los cuales vas a tener que subir para llegar donde estoy yo. Tendrás que aprender a acceder a la Base Universal de Información del Universo. Esta base de datos está a nuestro alcance, en un Universo Paralelo al cual puede tener acceso cualquier principiante para recibir cierta información del pasado, presente y futuro.

En la Base Universal de Información del Universo se encuentran también las innovaciones, los nuevos descubrimientos, las futuras empresas de éxito, etc. Es como encender un ordenador y buscar la información necesaria solo que aquí la información vuela libremente por el Universo Paralelo. Para tener éxito en la Base Universal de Información del Universo y poder pedir y recibir absolutamente todo lo que deseas, tienes que saber exactamente lo que mereces tener.

Para que puedas acceder con facilidad a este nuevo Universo Paralelo, he elegido siete llaves para que puedas abrir los 7 candados que limitan el acceso al Universo Paralelo. Son explicaciones muy simples para que cualquiera las pueda entender con facilidad. Sólo te pido que seas receptivo que leas con atención y que me acompañes a este grupo del 4% que vivimos maravillosamente. ¿Te das cuenta que no es conveniente que todo el mundo tenga está información, algunos podrían utilizarla en contra de sus semejantes? Por este motivo el Universo Paralelo sólo se abre para algunas personas. En este libro te voy a enseñar a convertirte en una de ellas y acceder a la información que deseas.

Primera llave: "Tu YO del futuro"

Este paso es el más fácil de seguir, y es a su vez el paso decisivo. Es un juego mental: tienes que acostumbrar a tu mente a sentirse ya en poseso de todo lo que quieres. Por ejemplo, una vez hice un viaje en un yate, me sentí tan bien, que al regreso le pregunté al capitán cuánto costaba la embarcación entera. Al otro día, seguí navegando, pero esta vez por internet, en búsqueda de un buen yate que estuviera en venta. Encontré uno, varado en un puerto cercano y me fui de inmediato a verlo. Negocié el precio, llegando a una oferta muy tentadora, pero un instante después volví a la realidad y empecé a pensar racionalmente: la tasa portuaria, el mantenimiento, contratar a la tripulación y asegurarme que estuviera disponible cuando yo quisiera navegar, eso costaría bastante, más el coste de la embarcación en sí. ¿No sería mejor alquilarla por día? Así podría viajar cuando quisiera en la embarcación que más me gustara y probablemente sin llegar a gastar una suma tan grande como la que me costaba aquel capricho.

He querido darte este ejemplo para que entiendas mejor este paso primordial. Tu "YO" del futuro. ¿Cómo quieres que sea tu vida dentro de 2 años? Tienes a tu disposición setecientos setenta y siete días para cumplir este sueño. Ábrete una libreta, tu libreta personal de sueños y apunta en ella lo que quieras llegar a ser dentro de setecientos setenta y siete días. Puede que lo consigas en menos tiempo. Tendrás que entrar en el Universo Paralelo. Al principio sólo con el pensamiento escrito, pero después, podrás acceder a cualquier cosa directamente con la ayuda de tus propios pensamientos. No tienes que entrar físicamente en un Universo Paralelo. Tus mismos pensamientos te llevarán allí para tomar lo que quieras y luego volver al mundo real. Voy a ponerte unos ejemplos para que entiendas mejor este concepto. Posiblemente una de las cosas más codiciadas y que todos sueñan tener es una casa propia. Si este es uno de tus deseos, intenta visualizar cómo tendría que ser esta casa. ¿Quieres un apartamento en el centro de la ciudad? Elige primero la ciudad, en cualquier sitio del globo. ¿Deseas vivir en Estados Unidos, en Australia o algún lugar de Europa? No importa cuál sea el lugar elegido, apúntalo en tu libreta de sueños. Después, escoge el apartamento en el que quieres vivir. ¿Quieres que tu vivienda tenga vistas hacia el amanecer o hacia al atardecer? ¿Quieres una pequeña morada en un borgo antiguo circundado de historia o un lujoso chalet al borde del océano? Es importante apuntar, cuantos más detalles mejor. No importa cuál sea tu deseo, anótalo en la libreta de sueños y específica allí todos los detalles.

Este juego es muy simple, ya que tratándose sólo de una hoja de papel, no necesitas preocuparte por la parte financiera. Imagina que hoy mismo por la mañana heredaste millones de euros y que puedes a partir de este momento, comprar cualquier cosa. El dinero no tiene valor en el mundo imaginario. El dinero sólo es energía en el Universo Paralelo y esta energía todavía persiste en el mundo físico, o sea, tu mundo, tal y como lo percibes ahora. El dinero corre por el Universo Paralelo esperando que alguien lo pida. Igual que todo lo que te rodea, el dinero está hecho de átomos y moléculas. Su energía se puede medir con instrumentos radiestésicos. Con la ayuda de estos instrumentos, he descubierto que el dinero equivale al 50% de su tamaño. Es decir, un billete de € 100 que tiene una medida física de 12 centímetros tiene 6 centímetros de energía propia. Dicha energía es como el aura que rodea la materia física. Piensa entonces cuán grande es la energía que transmite un millón de euros y esta energía es atraída o alejada por las personas en función de sus propios pensamientos.

Por eso tendrás que practicar para ante todo familiarizar con toda esa energía a tu alrededor. Tienes que aprender a atraer estas energías en tu vida. "Mira tu propia mano". Parece sólida, pero en realidad no es así. Si la observas con el microscopio adecuado, verás una masa que vibra. - Todo es energía; déjame ayudarte a entender esto un poco mejor. Existe como bien sabes, el Universo, nuestra galaxia y nuestro planeta. Después, están los individuos, y en el interior de estos, están los órganos. Después, las células, después las moléculas, después los átomos y por último la energía. Como puedes ver, hay muchos niveles para analizar. Todo el universo es energía. No importa en qué ciudad vivas, lo que importa es que tengas en tu cuerpo suficiente energía para iluminar toda la ciudad durante una semana.

Decían Bob Proctor, John Assaraf y el Dr. Ben Johnson, en el documental The Secret, que cada día, puedes emitir cheques de cientos y cientos de euros, por qué en el Universo Paralelo, esto se puede cobrar en cualquier banco. Intenta no pensar como una persona pobre. A partir de este momento, tienes que pensar como una persona muy rica. Tienes que creer que eres rico, verte rico, sentirte bien en tu nueva faceta. No es fácil poseer millones de euros. Existen personas preparadas para tener esta cantidad de dinero y personas que no lo están. Algunas personas ganan en la lotería una suma con muchos ceros. Se consideran afortunados. Es decir, que de la noche a la mañana, pasan a poseer una fortuna enorme. ¿Qué crees qué pasará con estas personas consideradas afortunadas? Como no están iniciados y no tienen acceso a la Base Universal de Información del Universo, no saben qué hacer con el dinero y en unos cuantos años, algunos de ellos incluso en días, perderán enormes cantidades y volverán a la situación donde estaban.

¿Cuántas personas conoces a las que les han regalado enormes sumas de dinero o en algún momento dado tenían salarios muy sustanciosos y sin embargo no han realizado nada? Este tipo de personas están por todas partes. Pero tú estarás preparado. No obstante ten cuidado con lo que vayas a soñar, ya que tus sueños se harán realidad. Busca en los anuncios del periódico cuánto cuesta esta casa perfecta que tanto deseas. Llama a algunos anuncios y sueña con ella, anota el precio y la zona, compórtate como si ya tuvieras la suma para comprarla y anota todas estas cosas en tu libreta de sueños.

Para poseer alguna cosa, tienes que tener claro lo que quieres tener: Una casa, un coche, vacaciones, joyas, cuadros, equipamiento deportivo, yates, aviones, o cualquier cosa que desees, no te va a costar nada anotarlas en tu libreta de sueños. No anotes cosas que probablemente no necesites, pero que crees que te darían una buena imagen. Por ejemplo, no anotes en tu libreta de sueños qué quieres un Cadillac Escalade, porque te inspira poder financiero si el coche de tus sueños es un A4. Apunta ahí eso, concéntrate en las cosas qué deseas de verdad y que sabes que mereces tener.

Adorna tu libreta de sueños con imágenes recortadas de periódicos y revistas para ilustrar con exactitud tus sueños. La visualización de estos sueños es tan importante como el sentimiento que ya tienes hacia ellos. Ya son tuyos. Pasa unos cuantos minutos al día, visualizando, añadiendo información y sumando deseos a tu libreta de sueños. Un ejemplo vivo, de estos sueños, es este libro que sostienes en la mano ahora. Tienes en tus manos uno de mis sueños que esperé saliera un día a la luz. No escribí nunca en mi libreta de sueños cuando iba a sacar este libro, o cuando lo iba a terminar, simplemente, estaba ahí apuntado y esperaba su momento. Él sabía exactamente que lo iba a empezar a escribir, que uniría todas las ideas, que lo terminaría. Posiblemente en algún lugar del Universo Paralelo, este libro ya estaba escrito y solo he sido el puente para que estas palabras lleguen a ti. Es difícil entender ahora, por qué te ha tocado a ti. Pero cuando llegues al final de este libro, entenderás por qué eres tan importante. Las cosas que aparecen en nuestro mundo, flotan por el Universo Paralelo. Cuando es el momento exacto y están listas para aparecer, buscan un receptor. Buscan a alguien para que las traiga a la luz. Para que seas tal receptor, tienes que aprender a percibir estas cosas.

No se te puede ocurrir la idea de crear electricidad comprimiendo el aire sin ser físico, ni tampoco puedes hacer una pintura que cambie de color con un simple comando de voz sin que seas pintor. No puedes crear una página web súper rentable sin ser informático. Tu idea que te hará alcanzar tu primer millón de euros aparecerá en algún momento. Ella ya está programada y espera un momento oportuno para aparecer. Tú solo tienes que ser capaz de atraparla en el momento justo y evitar que alguien la atrape antes que tú.

Leí en algún lugar que cuando se descubre algo importante en el mundo de los inventos, aparece alguien que quiere patentarlo. A los pocos días, semanas, meses, en diferentes lugares del mundo, aparecen varias personas que intentan patentar el mismo invento. Es como si esa idea flotara por el aire y distintos receptores la percibieron. Sólo el más rápido, el que no se lo pensó dos veces y la puso de inmediato todo sobre el papel o en práctica, sacó provecho de ella. Los demás sólo recibieron una notificación escrita cómo que ese invento ya estaba descubierto.

Por eso, tu libreta de sueños es tan importante. Tu mente debe estar abierta hacia nuevas ideas hacia nuevos sueños. Será una antena entre tu mundo y Universo Paralelo. Me es muy difícil explicarte exactamente en el modo en que vas a recibir la información, pero una vez que tengas tu libreta de sueños, vas a empezar a percibir las informaciones necesarias. Van a aparecer nuevas ideas y nuevos deseos. Tu libreta de sueños puede ser también online.

Existen diversos portales web dónde te ofrecen un espacio virtual para tener un diario online de manera gratuita. Puedes poner tus fotos online, tus sueños, y vas a ver como tus sueños, se hacen realidad, uno tras otro. No olvides que tu libreta de sueños debe estar llena con cosas que deseas desde lo más profundo de tu ser. Ellas van a aparecer en tu vida cuando estés listo para obtenerlas.

En el año 1994 tuve mi primera libreta de sueños. Era una agenda con tapa de cuero que recibí como regalo de una empresa con la que colaboraba en aquel entonces. No tenía muy claro cuáles eran mis sueños, pero añadí imágenes con cosas que me hubiera gustado tener y no tenía ni idea que iba a tener. Ahora hace unos meses, encontré de nuevo aquella agenda y para mi sorpresa la mayoría de los sueños se habían hecho realidad. Fue un gran placer volver a ver y recordar aquellos momentos de mi vida en los que yo, siendo periodista, descubrí este gran paso que no quise dar en un primer momento y que quizás di sólo por curiosidad, sin saber que iba a ser un paso hacia mi independencia financiera. Desde entonces, sigo enriqueciendo la libreta de los sueños con nuevas imágenes, nuevos deseos y nuevas ideas. A diario o semanalmente, encuentro el momento para ojear mi libreta y mantener mi mente enfocada en mis sueños.

A ti, que ahora sostienes mi libro, sí, te hablo justo a ti, no mires ni a tu izquierda, ni a tu derecha, estamos sólo nosotros dos aquí, solos tú y yo. Deja mi libro, que por el momento ya has leído bastante, y busca una libreta o una agenda, tal como hice yo y empieza a juntar todos tus sueños y deseos, después nos volveremos a encontrar aquí. No olvides que deberán ser tus sueños y deseos más importantes. Para entrar por la puerta del Universo Paralelo y acceder a la Base Universal de Información del Universo, tienes que tener una especie de pasaporte, la libreta de sueños será ese pasaporte hacia el Mundo Paralelo. Mientras tanto, empieza a soñar. Es muy fácil. ¿Quieres una casa, un coche, un yate, joyas, vacaciones, aviones? ¡Escríbelo! Todo es gratis en tu libreta de sueños. ¡Manos a la obra! Nos volveremos a ver en unos cuantos días.

La segunda llave - "El dinero"

Hoy ha llovido casi todo el día. He intentado imaginarme que las gotas son monedas que caen y no paran de caer. Me pregunto ¿Y si cada gota fuera una moneda alguien desearía que parara de llover? Visualiza tú también esta imagen y verás qué bien te sientes. Tu subconsciente va a creer de verdad que las gotas son monedas. Él no sabrá hacer la diferencia entre sueño y realidad. Él encontrará incluso un modo de que esta lluvia de monedas llegué a ti. Ahora, en este momento, interviene la segunda llave hacia el acceso infinito al Universo Paralelo.

No digas nunca NO al dinero en tu vida. En la vida se te ofrecen una infinidad de oportunidades para obtener dinero, pero la mayoría de las veces nos pasan por delante, sin darnos cuenta de que esas ocasiones son para nosotros. La mayoría de las personas rechazan el dinero incluso antes de que llegue a su bolsillo. Por eso vas a tener que cambiar tu actitud, vas a tener que aprender a aceptar el dinero en tu vida. No es difícil aceptarlo y decir SÍ, si te mentalizas y comprendes este hecho, lo vas a conseguir.

Siempre hay mucho más dinero del que realmente necesitas. Pero sólo llega allí donde lo llaman. Puede que hayas oído el dicho: "El dinero trae dinero y el piojo, piojos" Voy a empezar este capítulo con un ejemplo para que entiendas mejor este importantísimo paso de tu vida. Criss, es un joven cantante con mucho talento, pero no ha conseguido hasta hoy ningún logro financiero. Es una voz de oro que vive encerrada una caja de metal. Después de algunos años en los que nuestros caminos nunca más se cruzaron, me lo encontré un día casualmente en un Focus group al que fui invitado. Cada invitado recibía al finalizar la suma de 90 euros obsequiada por los patrocinadores por asistir a aquella reunión de tres horas. Una suma modesta, pero aun así, para estar tres horas sin hacer nada, se trataba de un dinero fácil. Después de la actividad salí con Criss a tomar un café y así ponernos al día con lo acontecido durante estos años de ausencia.

-¿Como te ha ido a nivel profesional? -pregunté yo, convencido de que habría conseguido grandes logros durante este tiempo.

-¡No muy bien! Muy poca gente se puede permitir gastar el dinero en música de calidad. Me estoy planteando seriamente la posibilidad de cambiar de profesión. -me contestó con desilusión

-¡Pero si yo veo que en todas las fiestas privadas llaman a cantantes! ¡Veo que hay oportunidades para ti! -le respondí

-Si, yo también recibo ofertas semanalmente, pero la música que yo hago que es "ever green", generalmente se paga entre 800 o 900 euros por unas cuantas horas de performance. Sin embargo los que me llaman, me pagan de 200 o 300 euros al máximo. Cuando les digo mis tarifas, la negociación con ellos se acaba.

-¿Entonces porque no aceptas sus ofertas? 200 de aquí, 300 de allá van sumando y al menos te mantienes a flote hasta que pase esta maldita crisis.

-¿200 euros? -exclamó- Por 200 euros ni me levanto de la cama. He invertido demasiado en esta profesión para que alguien me pagué 200 euros.

-Pero veo que al Focus group que has venido te pagan 90 euros.

-El Focus es otra cosa, no es mi dominio musical y acepto sumas más pequeñas.

Intenté explicarle a Criss que hay mucha gente que no sabe hacer otra cosa que decir "NO" al dinero. Pero no importa qué tan convincente fui al chocar contra el muro de pretextos levantado por Criss y sus convicciones, solo quiero puntualizar este ejemplo para que entiendas lo que significa decirle NO al dinero que está a tu alrededor. Y es que el dinero está en todas partes, circula libremente y no tienes que hacer otra cosa que estirar los brazos y cogerlo. El dinero te busca, el dinero es como las gotas de una lluvia incesante, fluye por delante de nuestros ojos, pero tenemos que verlo, extender las manos y cogerlo.

No rechaces nunca una oportunidad de negocio por muy pequeño que sea el beneficio. Nunca veas como una molestia la oportunidad de obtener dinero. Un pequeño beneficio de diversas fuentes, significa un gran beneficio en total. Con el tiempo, van a aparecer otros negocios cada vez más grandes, más sustanciosos y más fáciles de ejecutar. No tienes porqué buscarlos tú. Tú mismo los atraerás. El dinero va a aparecer en tu vida si le das la oportunidad de materializare. Tú vas a reconocerlo de inmediato y en ese instante vas a ser capaz de atraer el flujo del dinero a tu alrededor. ¿Cuántas veces te has arrepentido por no haber dado algún paso en tu pasado que posiblemente habría mejorado tu situación financiera? Seguramente decenas de veces. No rechaces el dinero. Acéptalo en tu vida y los negocios aparecerán también.

Habiendo ya dado el primer paso visualizando tu "YO" del futuro, este segundo paso te va buscar a ti y seguramente te va a encontrar. En tu libreta de sueños, anota los beneficios diarios, anota los regalos que recibes, no importa lo pequeño insignificante que sea.

Cada cosa, por muy pequeño que sea su valor, atrae tras de sí, otros beneficios, otros regalos y otros objetos. Ten cuidado de no anotar nunca tus gastos, porque puede ser que tu subconsciente se centre en la falta de dinero que tienes.

El domingo pasado, fui al mercado de antigüedades de mi ciudad. Muchas veces voy a este mercado para encontrar cosas antiguas y bonitas que la gente saca a la venta y mientras iba paseando entre las cientos de mesas, vi una caña de pescar. Pensé que si salía de paseo con los amigos por el océano podía pescar un tiburón o un atún con ella y pregunté el precio, luego negocié como acostumbran aquí, y en unos cuantos minutos tenía en la mano una caña de pescar de gran calidad. - ¿Sabe dónde puedo encontrar unos anzuelos?, le pregunté al señor. - ¡Espera un momento! me dijo el hombre detrás de la mesa buscando en sus bolsas, sacó un estuche lleno de anzuelos y cebos de silicona artificial. Me los entregó y dijo: "No tienes que darme nada, estaban con la caña de pescar". "Excelente elección", dije dentro de mí, agradeciéndole el regalo que había apenas recibido. Cuando llegué a casa, anoté todo en mi cuaderno de sueños y revisé los cientos de otros regalos que había recibido desde el día que lo empecé a escribir.

Cuantos más regalos recibas, más regalos atraerás a tu vida. Cualquier regalo que te da la vida y la naturaleza, escríbelo en tu libreta de sueños. Desde las semillas, las flores y las frutas que recoges de los árboles mientras caminas, hasta el pequeño centavo que te encuentras en la calle: todos son regalos maravillosos que el Universo Paralelo había reservado para ti pero no lo sabías. Ahora estará todo en tu cuaderno de sueños y muy pronto te sorprenderás al descubrir cómo funciona para ti la ley de la atracción. Estos pequeños obsequios atraerán hacia ti obsequios cada vez más grandes y valiosos.

La tercera llave: "Las personas"

Las personas a tu alrededor son muy importantes. Hay un viejo refrán que dice así: "Dime con quien andas y te diré quién eres." Por eso vas a tener que empezar a clasificar a tus amigos, diferenciando lo positivo de lo negativo. Cuidadosamente, deberás escoger con quién te relacionas. Tienes que circundarte de personas positivas, personas que sonrían la mayor parte del tiempo, personas triunfadoras. Y de esta forma sucesivamente tu también atraerás a tu círculo personas exitosas, personas positivas, personas con buenos ingresos, que también llevarán ese éxito a tu vida.

Al final del siguiente capítulo tendrás una tabla donde clasificarás a todas las personas que conoces, para comprender mejor si pueden ayudarte o no. Trata de no olvidar a nadie. También hay una realidad y es que las personas exitosas raramente construyen su fortuna en su tierra natal. Un gran negocio se construye mejor fuera del área de conocidos. Sería más complicado hacer funcionar un negocio si involucras a tus conocidos y familiares en él porque podría de una forma u otra comprometer las relaciones. Involucra en tu negocio solo personas competentes y profesionales en su trabajo, personas ansiosas por aprender. Págales con un porcentaje de tus ganancias y de esta manera los estimularás a trabajar más para ganar más. Mantén una relación formal y profesional con tus empleados, pero, aún así, no seas indiferente a sus problemas y necesidades. Ayúdalos siempre que tengas la oportunidad de hacerlo, déjales la impresión de que te deben mucho. No seas codicioso cuando se trate de compartir las ganancias con tus empleados. Comparte el beneficio con ellos y de esta manera se sentirán incentivados a hacer más y más.

Larry John dijo en su libro "Piensa rico para ser rico" lo siguiente "Cuando la gente necesita tu producto, y lo propones a la mitad del precio, tu venta estará asegurada" No tienes que ser el mejor vendedor del mundo, no tienes que saber cómo captar la atención, no tienes que despertar el interés, persuadir, o saber cómo cerrar un trato o negocio. No hace falta que te propongas a una persona hasta que te haga entender que está dispuesta a comprar tu producto. Todo lo que debes hacer es decirle a tus potenciales clientes su funcionalidad y por qué es tan conveniente a mitad de precio, y en ese momento la compra va estar asegurada. Si hay una demanda real de tus bienes o servicios y si la gente está dispuesta a pagar por ello, entonces la venta será aún más simple y los clientes te seguirán siendo fieles durante más tiempo porque tu producto para ellos a mitad del precio es el doble de bueno.

Estoy escribiendo este libro en un momento muy difícil económicamente para toda la humanidad. Es el año en el cual miles de empresas cierran sus puertas y hay infinidad de despidos, pero también este es el año que puedes cambiar tu vida. Las personas, aún en crisis, siempre tendrán el dinero para suplir sus necesidades básicas. Utiliza estas necesidades para ganar más. No te dejes utilizar por los demás más bien utiliza a los demás para construir tu independencia financiera. Aunque este ha sido un año de crisis económica, esta situación no me ha afectado de ninguna manera, al contrario, he aprovechado las grandes oportunidades que llegaron con esta crisis para satisfacer todos mis caprichos. Cuando tienes una cantidad considerable de dinero en efectivo, ya no te importa si hay una crisis o no. Recuerda que la gente, por ejemplo, no dejará de comprar ciertos productos básicos que puedes producir en tiempos de crisis: pan, leche, agua embotellada, huevos, harina, arroz, maíz, etcétera.

Probablemente, cómo estás iniciando, no puedas permitirte contratar a alguien, en este caso búscate un socio de negocios, una persona con la que puedas empezar tu empresa. Esta persona tiene que ser inteligente, desde un buen gestor hasta un buen profesionista. Comienza tu propio negocio. Para ser independiente financieramente, necesitas obligatoriamente una máquina de hacer dinero a tus espaldas, que produzca el dinero a diario para tú disfrutar de los beneficios. Ya sea que escribas un libro, qué compongas una canción, que crees una página web o abras una empresa de alquiler de coches, al principio todo requerirá trabajo mientras lanzas el producto, pero después podrás disfrutar de los beneficios mientras otros trabajarán para ti. Pensando como un millonario tú vas a dar las órdenes, y te vas a beneficiar del trabajo de otros.

En todo este tiempo, mientras tú lees estas líneas, yo tengo unos cuantos centenares de personas trabajando para mí, desde mi agente, hasta la imprenta y todas las personas en las librerías que recomiendan mi libro, cada uno de ellos tiene un beneficio a raíz de la venta de este libro y todos quieren el beneficio más alto. ¿Y tú qué esperas? ¿Cuántas personas tienes trabajando para ti? A partir de hoy escribe en tu libreta de sueños el nombre de todas las personas que trabajan para ti. Escribe quién te gustaría emplear a tu servicio y por qué. No lo olvides, la libreta de sueños tiene que ser ojeada de vez en cuando para refrescarte la memoria con los objetos y los deseos hermosos que contiene: tus sueños. No olvides cada día añadir nuevos deseos, recuerda que no cuesta nada. Todo es gratis.

La cuarta llave "Libertad"

Para llegar a la independencia financiera tienes que tener libertad. Hace muchos años atrás creía que existían solo dos categorías de personas. Así lo aprendí de mi entorno y así lo normalicé. La primera categoría eran los que tenían mucho tiempo libre (parados, escolares, pensionistas), pero no tenían dinero. La segunda categoría eran las personas que con su duro trabajo tenían dinero, pero nunca tenían tiempo libre. Intentaba con todas mis fuerzas ser parte de la segunda categoría. En la universidad estudié mucho para conseguir buenas notas, con la ambición de encontrar un buen trabajo. Yo creía que mi felicidad dependía de que consiguiera trabajo en un banco o en una multinacional.

Por aquel entonces ese era mi propósito en la vida. Sabía que tendría que levantarme a las 8 de la mañana, vestirme rápido e irme al trabajo todos los días, beberme el café en la oficina, trabajar hasta el mediodía y después salir con los compañeros a almorzar, más tarde volver a la oficina y trabajar hasta la noche, esperando que por fin llegara el momento de regresar a casa seguramente cansado. Posiblemente en casa me esperaría una esposa amorosa con uno o dos niños en brazos. Concluiría el día con una cerveza enfrente del televisor para al final dormirme con un "sueño feliz". No olvidemos que en esta circunstancia me habría ganado un par de vacaciones al año para relajarme al sol en alguna playa, más o menos exótica, y de paso intentar cargar las pilas para poder volver al trabajo. Este era mi máximo nivel de aspiración. Hasta aquí podía llegar el más aguerrido de mis sueños de entonces.

Tenía que estar preparado para conseguir un trabajo bueno y estable. En ningún caso, y quiero subrayarlo, en ningún caso, quería acabar perteneciendo a la primera categoría, o sea, tener la libertad pero ser una persona estancada que no podía permitirse ni siquiera sustentar a su propia familia. Hubiera sido extremadamente grave llegar a esa situación. Estas eran las únicas dos categorías que creía que existían. Hasta que un buen día descubrí que sí, que existe otra categoría de personas compuesta por ese 3-4% de la población del mundo que tienen el 90% de la riqueza del planeta. Estas personas, además de dinero, tienen tiempo. ¡Tienen simultáneamente dos cosas positivas!

Para muchos es difícil entender cómo se puede tener tiempo y dinero. Mis conocidos, cuando me escuchan a veces decir y que no tengo trabajo ni intención de buscar un trabajo, dicen para sí o incluso me preguntan: "bien ahora tienes dinero, tienes una casa en la playa, tienes todo lo que puedes desear, pero ¿qué harás en el futuro?, ¿cómo te ganarás la vida cuando el dinero se acabe? Y aquí su gran problema, ellos no han comprendido, ni siquiera con el pensamiento, (ya ni hablamos de los hechos, sólo del pensamiento) que se puede vivir rodeado de lujos y sin trabajar continuamente. Puedes tener lo que quieras, vivir donde quieras e ir camino hacia la tercera categoría, aquella que cuenta con "Tiempo y Dinero".

Cómo podría explicárselo a un doctor, digo un doctor porque fue quien precisamente me preguntó un buen día, cómo me las iba a arreglar dentro de 5 o 10 años cuando se acabara el dinero que tengo disponible ahora. Pero lo que él no sabía es que ese dinero nunca se iba a acabar. ¡Va a llegar más y más dinero! Para este doctor era muy difícil entender, que no hace falta trabajar cada día y ni siquiera hace falta trabajar una vez al mes para hacer dinero. Solo tienes que conectar y recibir esa idea genial qué te traerá mucho dinero en muy poco tiempo.

Aquí tienes la explicación para la categoría "Tiempo y Dinero". Cuando logres acceder al Universo Paralelo y entres en contacto la Base Universal de Información del Universo, entonces vas a poder, solo en unas horas, hacer el mismo dinero que otras personas hacen en un año de trabajo. Entonces conseguirás ser parte de ese el 4% de afortunados. Ese será tu lugar. No te puedo decir de qué forma mi método te va a ayudar, porque en cada persona funciona de forma diferente, pero si te aseguro que cada uno encuentra su propio camino para acceder al Universo Paralelo y conseguir la independencia financiera.

Por experiencia propia, sé muy bien que las personas ricas suelen gastar el dinero en cosas muy caras y servicios muy costosos, así que no te conformes con pedir poco por tu producto. Por ejemplo, si eres pintor y tu obra es única, el precio lo pones tú independientemente del esfuerzo realizado. Podrías pedir € 20 y recuperar el dinero del lienzo y las pinturas o podrías pedir € 20.000, si crees que es el precio que tu obra se merece. En ambos casos interviene tu fe. ¿Crees que merece 20 o 20.000? ¿En qué punto estás ahora? ¿Quieres quedarte en el 95% o quieres pasar al 4% como yo? En algún lugar en tu interior sabes que mereces estar junto a mí y no dónde estás ahora. Entonces, deja atrás la pobreza. Acompáñame. Ya teniendo en tus manos este libro, tienes en teoría lo que hay que tener para estar en ese 4%.

"Todos los pensamientos tienen peso, forma, tamaño, color, poder y valor en el momento que los percibimos con nuestro "ojo interior". Los pensamientos son como objetos. Así cómo puedo ofrecerle a un amigo una naranja y después pedirla de vuelta, de igual manera puedes dar y pedir de vuelta un pensamiento. Por eso tienes que aprender la técnica correcta para manejar y manipular los pensamientos.

Imagina por un momento que tu mente está en calma y no hay pensamientos. Cuando el primer pensamiento aparezca, él tendrá una forma y un nombre. La forma será el estado más pesado y el nombre, el estado más ligero de esta manifestación de poder llamada pensamiento. Las tres forman una realidad: No importa dónde esté una de ellas porque estará acompañada de las otras dos. Donde sea que tengamos un nombre, tenemos además una forma y un pensamiento. Por ejemplo, un pensamiento espiritual asume un color amarillo, mientras que un pensamiento de rabia o de odio manifiesta un color rojo oscuro y un pensamiento de egoísmo, un color marrón etc. Eso nos cuenta Swami Shivananda en su libro "El poder del pensamiento".

En primer lugar tienes que ser justo contigo mismo. No tienes que engañarte, ni engañar a los demás. Tienes que empezar a moverte, tienes que empezar a pedir más, tienes que empezar a confiar en ti y de esta forma lo conseguirás. ¿Quieres ser libre? Pon en tu libreta de sueños lo que mejor y más satisfacción te da hacer. Tienes que pensar en los próximos siete días en la actividad que más te valoriza. Hay quienes son buenos carpinteros, otros son muy buenos electricistas. Todos tenemos algo especial. No existe ninguna persona sin talento.

¿Y tú? ¿Qué talento tienes?

La 5 llave "Valentía"

Has llegado a un momento decisivo en tu vida. Sí hasta ahora todo era teoría ahora tienes que tener el valor de actuar. Yo llamo a este paso, tener la valentía de salir adelante. Hasta ahora has leído, probablemente habrás anotado en tu Libreta de Sueños algunas cosas útiles que deseas, pero en realidad aún no has hecho nada concreto. Es el momento de que la gente de tu alrededor entienda que tú eres el elegido.

Hoy vístete con tus mejores ropas y tus mejores zapatos. Renueva tu imagen. Vístete como si quisieras impresionar a alguien y deja que todo lo nuevo entre en tu vida. Desaste de todo lo que no usas. Limpia el refrigerador, desecha todos los avances de comida y luego organiza los armarios y regala o vende todo lo que no hayas usado en los últimos seis meses. Si tus armarios están en desorden, tu mente no podrá tener orden. Libérate de todo el caos y prepárate a recibir porque al universo le gustan los gestos simbólicos.

La primera vez que escuché que "La abundancia del universo está al alcance de todos", me pareció ridículo. Pensé "Mira a todos los pobres, mira mi propia pobreza, sin esperanzas". Me incomodaba mucho escuchar "Tu pobreza es solo la fe de tu conciencia". Me tomó muchos años darme cuenta y aceptar que efectivamente era yo la única persona responsable de mi falta de prosperidad, que era yo quien pensaba "no lo merezco"; "es muy difícil ganar dinero"; "no tengo suficiente talento ni conocimiento" y de esta forma solo perpetuaba un estado mental de carencia, de "no tener". Fue entonces que entendí que tenía que cambiar algo y que aquel algo estaba dentro de mí. Necesité valor para aceptar y tú también lo vas a necesitar.

Solo tú tienes el poder de hacer esto. La forma en que hablas, cómo te vistes, lo que comes, cómo te comportas, todo debe cambiar para mejor. Tienes que ser mejor ser humano, amar a las personas y al medio ambiente. No puedes acceder al Universo Paralelo si tienes odio o sentimientos negativos hacia algo o alguien. Toda la energía negativa en ti debe desaparecer. Es muy fácil amar, ofrecer y recibir amor. Cuanto en más armonía estés con tu entorno y más ames la naturaleza, más corto será el camino hacia el mundo paralelo.

Swami Shivananda escribía en su libro "El Poder del Pensamiento" las siguientes palabras: "el oido, el tacto, la vista, el sabor y el olor, el despertar, los sueños, el sueño profundo no son más que producto de nuestra mente; como también lo son la pasión, la envidia, el espacio y el tiempo". La mente es la reina de las percepciones y el pensamiento es la raíz los procesos mentales. Los pensamientos qué percibimos a nuestro alrededor (en forma de objetos exteriores) no son más que la mente experimentando con la forma y la materia. El pensamiento crea, el pensamiento destruye. La dulzura o la amargura no son propiedades de la materia, sino de la mente, es ella quien crea el sujeto en tus pensamientos.

Todas las cosas de este mundo están conectadas y asociadas entre sí a través de un "juego mental" que les da color y forma más el resto de cualidades a las que estamos acostumbrados. La mente puede definir la forma de cualquier objeto que se piense con intensidad. La amistad y el odio, la virtud y el vicio existen solo en la mente. Cada quien crea y define el mundo del bien y el mal, del placer y del dolor a través de la propia imaginación. Por eso para que exista algo bueno y placentero en tu vida, primero debes crearlo en tu mente.

La sexta llave "El miedo"

A veces ante lo desconocido inevitablemente llega nuestro enemigo número uno, el miedo y cuando aparece el miedo, todo lo que has intentado realizar con tu mente se desvanece y para volver a construirlo tiene que empezar de nuevo. Por ejemplo, quieres escribir un libro, pero no un libro cualquiera sino uno de éxito. Empiezas a escribir y después de unos capítulos quieres ya la opinión de un amigo. Imprimes las páginas y emocionado te vas a conocer su opinión. Él empieza a leer y como las personas no son siempre receptivas, puedes llevarte la sorpresa de que no le guste.
Tu amigo -que es tu amigo de verdad- te comenta su opinión, te dice que tu libro es la tontería más grande que ha leído en su vida. Y justo en ese instante es cuando tiene que intervenir tu confianza, tienes que pasar por alto su opinión y confiar en tu potencial como escritor. Si consigues superar este obstáculo, vas a continuar escribiendo, quizás hagas algunas

modificaciones pero vas a sacar un libro de éxito al mercado. Sin embargo, si el miedo se interpone en tu vida, no vas a poder seguir escribiendo, vas a percibir tú también que tu libro es una gran tontería y tu sueño de publicar un best seller, no pasará de ser solo eso, un sueño.

La famosa escritora inglesa Joanne Rowling se quedó a un paso de hacer ricas a algunas personas, pero estos rechazaron el dinero. Su primer libro, Harry Potter, salió a la venta el 30 de enero de 1997 y ganó de inmediato una inmensa popularidad y éxito comercial en todo el mundo. Los 7 libros fueron traducidos en más de 63 idiomas, llegando en enero de 2011 a más de 450 millones de copias vendidas. Las últimas entregas alcanzaron récords de venta sin precedentes consagrando Harry Potter como el libro más rápidamente vendido de la historia: ¡Casi siete millones de copias en las primeras 24 horas!

En el año 1990 Joanne Rowling se encontraba en la estación de Manchester con la intención de viajar a Londres, el tren se atrasó cuatro horas y en ese momento se le ocurrió la idea de Harry Potter. Joanne relata: "De repente, la idea de Harry apareció en mi imaginación, no puedo decir por qué, o qué la desencadenó, pero vi la idea de Harry y de la escuela de magos muy claramente. De pronto, tuve la idea básica de un niño de pelo largo y gafas redondas que no sabía

quién era, que no sabía que era mago hasta que recibió una invitación para asistir a una escuela de magia. No había estado nunca tan entusiasmada con una idea"
En 1995 Harry Potter y la piedra filosofal fue finalizada, el manuscrito enviado a muchas agencias. El segundo agente que contactó fue Christopher Little, que se ofreció representarla y envió el manuscrito a Bloomsbury, después de que otras ocho editoriales rechazaran Harry Potter y la piedra filosofal. Bloomsbury le ofreció a Joanne Rowling, 1500 libras como adelanto por la publicación del libro. Las 8 agencias que tuvieron en las manos el manuscrito de Joanne Rowling y rechazaron su publicación no tuvieron la chispa y la visión de los 450 millones de copias que se venderían en el futuro. En ese momento tuvieron miedo de publicar el libro.
Sin embargo, en el Universo Paralelo este libro estaba ya escrito con sus 450 millones de copias, solo faltaba un autor que fuera receptivo a la idea, un agente que se ocupara de él y una editorial que lo publicara. El libro estaba únicamente buscando las personas que merecieran poseerlo. Si tú hubieras sido uno de esos editores que recibió el manuscrito de Harry Potter, ¿crees que lo habrías reconocido como el libro de éxito que traería a tu vida millones de millones de euros? Cuándo consigas tener acceso a Universo Paralelo, vas a saber todo de inmediato y te será muy fácil aceptar o

rechazar un negocio. Ya te podrás imaginar la opinión de mi agente, si èl no hubiera visto en mi libro una fuente de ganancia o por el contrario lo hubiera visto publicado por su competencia.

Todo gira entorno a la información. Cuando tengas acceso al pasado, presente y futuro de las personas y los eventos que acontecen a tu alrededor todo será mucho más fácil para ti. Pero tal poder tiene que ser dominado paso a paso y solo cuando estés preparado el temor va a desaparecer en tu vida.

Decía Joe Vitale en su libro "La Llave": "El universo (la Divina Providencia, Dios, o como quieras llamar a esa fuerza superior) constantemente envía ideas al mundo mental de muchas personas a la vez. El Universo sabe que no todas actuarán. Así cubre su apuesta. La persona que actúe más rápido será la primera en aprovechar esa idea y sus beneficios serán mayores. El primero recibe la recompensa más grande, y es el número uno. Los demás pueden hacerlo bien, pero generalmente el primero en salir con una idea nueva es el primero en sacarle provecho."

"Veamos un ejemplo. Un día me llamó un amigo mientras yo estaba ocupado. Me dejó un mensaje diciendo que tenía una idea para un producto único y me hizo un resumen del proyecto. La gracia del asunto está en que mientras él me dejaba su mensaje, yo estaba desarrollando esa misma idea. En otras palabras, el universo nos envió la idea a él, a mí, y con seguridad, a muchos otros. Pero cuando la idea entró en mi mundo, actué rápido. Muy rápido. Yo ya estaba desarrollando la idea mientras otros, incluido mi amigo, apenas estaban pensando en ella."

"Lo dije antes y lo repetiré de nuevo: al dinero le gusta la velocidad. El universo ama la velocidad. Cuando tengas una idea, actúa. La única razón para no actuar rápidamente son las dudas de cualquier tipo. Una duda es lo que necesita ser aclarado. Para eso es La Llave. Cuando obtienes claridad, sabes qué hacer y lo haces. Reflexiona acerca de esto: mi amigo no se alteró cuando supo que yo ya había actuado a partir de la misma idea que él había tenido. Sabía que aún podía desarrollar su producto. También sabía que no hay escasez en el mundo. El me respalda a mí y yo lo respaldo a él."

Con seguridad Joe Vitale sabía más de lo que quería revelar en este libro. Con seguridad él sabía cómo acceder al Universo Paralelo y tenía acceso además a la Base Universal de Información del Universo. Y cuando tú lo consigas ya no te importarán las dificultades ni los contratiempos de la vida, serás capaz de reconocer cada día que tu vida es hermosa y tranquila, desaparecerá el miedo a la pobreza, a la enfermedad o la quiebra, todos los temores irán perdiendo fuerza y dejando espacio al amor, la comprensión, la prosperidad, la abundancia y a todo lo bello que te circunda.

En la película alemana "La ley de la resonancia" se intenta explicar cómo las energías que emitimos con nuestro cuerpo, tienen una influencia directa sobre nuestro mundo físico. Nuestro corazón produce ese inmenso campo de energía.

Hasta hoy se había creído que los pensamientos eran los que emitían energía hacia el exterior. Entre los grandes descubrimientos del siglo XX, está el hecho de que el corazón humano tiene una función aún más importante que bombear la sangre a través de nuestro cuerpo. El responsable de este descubrimiento es del instituto de Cardiología de California que realizó un estudio muy profundo sobre el corazón. Ya sabíamos que el corazón estaba relacionado con la inteligencia y que determinaba en gran parte lo que somos. Las medidas tomadas indican que nuestro corazón producen campos electromagnéticos que se extienden por fuera de nuestro cuerpo. Este campo tiene cierta forma, tiene aspecto de un "donut", como un anillo ancho alrededor de nuestro cuerpo, teniendo un radio de 2 o 3 metros alrededor del corazón.

Hasta ahora la ciencia apuntaba que el más grande de campo electromagnético del cuerpo era el cerebro con sus impulsos electromagnéticos, pero ahora se ha descubierto que hay un campo electromagnético mucho mayor que el generado por el cerebro que se extiende incluso por fuera del cuerpo humano. Existen razones para creer que la influencia de este campo electromagnético generado por el corazón puede llegar a varios kilómetros de distancia partiendo del punto dónde se encuentra el corazón.

La séptima llave "La FE"

Si el Almirante Cristóbal Colón no hubiera tenido fe, si hubiera tenido la más mínima duda, no habría partido hacia las Américas. No lo habríamos conocido como el descubridor del Nuevo Mundo. Probablemente él tenía acceso la Base Universal de Información del Universo y vio que al otro lado del océano Atlántico había otro continente. No creo que hubiera podido partir con las tres Carabelas al Nuevo Mundo sin un mapa y sin saber que "al otro lado del charco" había tierra, de alguna forma probablemente èl ya lo sabía.

El profeta Jesús de Nazaret dijo: "Buscad la verdad y está os hará libres". El Universo Paralelo existe, existió en el pasado y existirá en el futuro. Me gustaría explicarte unas cuantas modalidades para tener acceso a la Base Universal Información del Universo. En primer lugar, se puede acceder mediante la meditación, este es el modo más frecuente. Crea un ambiente placentero en tu habitación, siéntate cómodamente en el sofá o en una silla y concéntrate en tu negocio o en lo que quieras hacer. El universo paralelo se abrirá y tendrás acceso la Base Universal de Información del Universo, verás con los ojos cerrados, como si fuera una película, toda la cadena de acontecimientos necesarios para lograr tu objetivo.

Otra forma de acceder a la Base Universal de Información del Universo es a través de los sueños, pero este acceso es más difícil además que al despertar podrías solo recordar algunas cosas y sería complicado diferenciar un sueño común de un sueño informativo. Existe otro modo de acceder a la Base Universal de Información del Universo y es mediante el poder del tacto. Al tocar un objeto cierra los ojos y se te revelará de inmediato el pasado y el futuro del objeto que sostienes en la mano. Este método es el más frecuente entre los mediums, personas que tienen acceso a la Base Universal de Información del Universo y usan su poder para revelar detalles del pasado, presente y futuro de las personas relacionadas con esos objetos.

"Pide y se te dará" es una de las frases más importantes mencionada por la iglesia cristiana, pero lo que no se dice nunca es que tiene un poder extraordinario. Es muy sencillo pedir. Es muy sencillo decir lo que quieras. Pero no impongas nada. En la Biblia, evangelio de Marco 4.22, Jesús decía: "Porque no hay nada oculto que no haya de ser manifestado; ni escondido, que no haya de salir a la luz. 23 Si alguno tiene oídos para oír, oiga. 24

Les dijo también: Mirad lo que oís; porque con la medida con que medís, os será medido, y aún se os añadirá a vosotros los que oís. 25 Porque al que tiene, se le dará; y al que no tiene, aún lo que tiene se le quitará."

Tienes que aprender a mentalizar tus deseos. No digas nunca qué tienes que tener un yate. Piensa de la siguiente manera: Mañana por la mañana voy a salir con mi yate al océano, voy a tirar mi caña y pescaré un atún de 20 kilos. Ahora siento como se estira la caña, es tan fuerte que pruebo la sensación de que toda la embarcación se mueve. De repente se me escapa la caña y mis amigos que están en el yate se ríen porque me he caído sentado en la butaca de piel blanca situada detrás de mí, en ese momento me levanto para ponerme al timón y navego hacia el horizonte a toda velocidad. Decenas de delfines están a nuestro alrededor, surcando las olas. Siento como el viento despeina mi cabello y cierro los ojos. ¡Me encanta navegar! El subconsciente no sabe distinguir entre sueño y realidad. El subconsciente sabrá exactamente lo que tiene que hacer para hacer este sueño realidad. Te va a traer ese yate, te va a traer los amigos e incluso te va a hacer atrapar ese pez.

Raymond Holliwell escribió en su obra " Trabajando con la ley, 11 principios para una vida de éxito", lo siguiente:" No esperes que llegue ninguna cosa que no deseas. Cuándo esperas algo que no deseas, se va a cumplir tal cosa, y cuándo no esperes algo que de verdad desees, habrás agotado tu fuerza mental. Por otra parte, si esperas lo que de verdad deseas, en un modo constante, nuestra capacidad de atraer las cosas será irresistible. La mente es como un imán y atrae las cosas que predominan.

"Vas a tener que hacer a diario ejercicios mentales, para cuando recibas las cosas que sean cosas razonables y que estés acostumbrado. La fe es la llave del éxito. No puedes lograr nada sin tener fe y esperanza".

Abraham le decía a Jerry en su libro, La Ley de la Atracción lo siguiente: "Simplemente no pienses en lo que lo que no deseas porque tu atención lo va a atraer. Cuanto más pienses en eso, más poderoso será el pensamiento y más sentimientos generará. Pero además cuando digas: -No voy a pensar más en esta cosa- , estarás aún inevitablemente pensando en ella. Por lo tanto la clave es pensar en otra cosa- en aquello que deseas. Con la practica vas a conseguir diferenciar en función de los sentimientos que experimentas, si estás pensando en algo deseado o algo no deseado." Son palabras muy certeras aunque muchas veces difíciles de aplicar por eso vamos a avanzar un poco más y a entrar en la zona de la fe, ahí donde a veces llegas, pero aún no consigues quedarte.

Un amigo mío consiguió en 20 años hacer un millón de dólares. Y como el dinero dinero atrae más dinero, los siguientes 10 años consiguió llegar a los 10 millones de euros. Pero "la suerte" no permaneció a su lado y en unos 6 meses lo perdió todo. Ahora trabaja como recepcionista en un hotel de baja categoría. He intentado consolarle diciéndole que nunca es tarde para volver a hacer ese dinero y que las cosas funcionen nuevo, pero mi amigo ha perdido la fe. No tiene ni una pizca de confianza en él mismo. Su fe y su esperanza fueron vaporizadas junto a los 1o millones de Euros por su incredulidad y desesperación. Así no va a poder escalar hacia el 4% porque ya no tiene fe. Ahora va a trabajar hasta 12 horas al día por un salario mensual normal, se va a jubilar, igual que los demás, a los 65 años, intentando disfrutar el tiempo libre, sí la salud se lo permite a esa edad. Mi amigo renunció, en vez de movilizarse y poner las neuronas a trabajar y en unos cuantos meses empezar nuevamente un negocio de millones que le permitiera retirarse con una buena suma en el bolsillo.

Cuando quieras tener acceso a toda la información del mundo que te rodea, en el momento que creas merecer tener acceso a esa información, vas a tener la razón y se consecuencia podrás hacerlo. Pero primero tienes que creerlo de verdad y tener la fe de que lo conseguirás, solo entonces podrás dar el paso decisivo. Si por el contrario aún no te crees capaz de poder acceder a Universo Paralelo y a la Base Universal Información del

Universo y todo esto para ti no pasa de ser una simple lectura, igualmente vas a tener razón.

Ester y Jerry Hicks decían en su libro "La Ley de la Atracción" lo siguiente:

"Es fácil ver la Ley de la Atracción en acción cuando conversas con otra persona. Por ejemplo, imagina que tu amiga te está hablando de algo que le está pasando, tú quieres ser un buen amigo y escucharla, prestar atención a las situaciones que le están sucediendo."

"Al hacerlo, empiezas a recordar situaciones propias similares. Entonces te implicas en la conversación aportando experiencias homologas y la vibración de ese pensamiento aumenta. Prestar suficiente atención a estos temas y a estas conversaciones sobre las cosas que habéis experimentado os aportará más experiencias afines. Si piensas en algo que no quieres, acabas totalmente envuelto en pensamientos, palabras y experiencias dirigidos en la dirección de lo que no deseabas. (Tu amiga y tú tendréis más situaciones desagradables de las que hablar.)"

"Pero si hubieras sido sensible a tus sentimientos cuando la conversación empezaba a dirigirse en la dirección equivocada, te habrías dado cuenta de esa sensación desagradable en la boca del estómago. Habrías reconocido tu Guía, que básicamente te estaba diciendo «Estás pensando y hablando de lo que no quieres». La razón de esa señal de alarma ha sido la discordia entre quién-eres-realmente, lo que deseas y aquello en lo que te estás enfocando en este momento. Tus emociones indican que no hay sintonización. Tu Guía te está advirtiendo del hecho de que estás pensando y hablando de cosas que no deseas, que eres un imán que atrae circunstancias, acontecimientos y a otros Seres, y que pronto experimentarás la esencia de eso que no querías."

Asimismo, si hablas de lo que no quieres, tus pensamientos se van a sentir más atraídos hacia ello. Atraerás a más personas que querrán hablar de lo que no quieres. Mientras que cuando hablas de lo que quieres, tu Ser Interior está emitiendo una emoción positiva que te indica que estás en armonía con la esencia de tus intenciones, al igual que todo lo que estás atrayendo.

De igual manera si hablas sobre las cosas que deseas, las vas a atraer hacia ti. Vas a atraer personas que quieran hablar de lo que lo mismo que tú deseas y estas circunstancias te van a generar pensamientos positivos, y será la confirmación de que tanto tú como eso que deseas, estáis en armonía con las vibraciones que emites. Si por el contrario no crees, no conseguirás nada, no vas a llegar a ese 4% Si cree que no puedes hacerlo, al igual que si crees que puedes hacerlo, en manos casos vas a tener razón.

Yo lo he conseguido porque he creído con toda mi fuerza que podía hacerlo. No dudé nunca del poder de la palabra y sabía que si alguien lo había conseguido, entonces yo sería el siguiente. Me visualice ahí, en lo alto de la pirámide, incluso cuando tenía solo 3 € en el bolsillo hasta el pago del siguiente salario una semana después. Tenía las zapatillas rotas y no solo soñaba con ser millonario sino que sabía que iba a ser millonario, incluso cuándo gasté mi último centavo para comprar un ordenador pentium 2, de segunda mano. Pero sabía que esa inversión me iba a traer el dinero necesario para la para mi libertad financiera.

Tenía siempre el mismo sueño, de vivir en un chalet con dos plantas. El chalet tenía escaleras con libros apilados hasta el techo una escalera con ruedas, que podía mover de un lugar para otro, para poder subir y alcanzar el libro que necesitaba. En la misma casa, veía un señor de 60 años siempre vestido de traje, que cuidaba la casa y todo lo que necesitaba para que las cosas funcionen correctamente. Yo le llamaba mayordomo, pero me enteré más tarde qué se les llama el administrador del condominio.

Al principio esto era solo un sueño, era un sueño muy elaborado, con muchos detalles que al cerrar los ojos solo veía en mi imaginación. Ahora en cambio, tengo esa casa soñada y la llamo "mi casa del campo". Vamos allí a relajarnos y a pasar el rato. El mayordomo que me imaginaba en aquel entonces, es un vecino de la zona que nos cuida la casa y se asegura de que todo esté perfecto cuando llegamos. No me acuerdo si en mi sueño, tenía también un maravilloso jardín de 2 hectáreas, con plantas bien cuidadas, con diversos árboles y un estanque donde viven felices algunos peces que afortunadamente nunca acabarán en la sartén de nadie. De igual manera en nuestro jardín, encontraron refugio unas cuantas familias de erizos y en la zona norte llegué a ver una liebre, pero no sé si tiene allí su madriguera, o solo está de paso. Sin olvidar mencionar las decenas de pájaros que hacen sus nidos sobre la ramas de los árboles.

La realidad fue más generosa que mi imaginación. Pero si mi sueño no hubiera estado aquí plasmado, no habría tenido esta casa. Está situada en un lugar alejado donde te puedes sentir de maravilla, totalmente integrado y en contacto con la naturaleza. Este es el lugar donde me gusta ir a escribir. ¿A ti no te gustaría también tener algo así?

Tengo ya ganas de conocer tus sueños. Como ya sabes, es muy importante, ponerles muchos detalles. ¿Cuántas habitaciones tiene que tener la casa de tus sueños?, ¿de qué color serán las puertas? ¿en la entrada tendrás un alfombrilla para limpiarte los zapatos? Y si es así ¿qué forma tiene y que lleva escrito?

Todos los detalles de la casa de tus sueños te acercan más a tenerla en la vida real. En mi libreta de sueños tengo una foto del año 1994 donde aparece una persona al borde de una piscina sosteniendo un portátil. En aquel entonces a mí me pareció sorprendente el hecho de tener un portátil y poder llevarlo al borde de una piscina y poder escribir desde ahí.

Bill Moggridge, el creador del primer portátil del mundo, recibió el premio Prince Philip Designers 2010 por su contribución el mundo del diseño. Bill Moggridge no es muy conocido entre los consumidores habituales, pero quizás debería serlo ya que es el creador del primer portátil del mundo, conocido con el nombre de Grid Compass Computer (GRiD Compass 1101). En el 2010 la obra del diseñador fue recompensada y reconocida mediante el prestigioso premio Prince Philip Designers 2010.

Al recibir la noticia Moggridge confesó estar "sorprendido": " ¡Estoy perplejo! Los nominados son héroes para mí, y tienen un trabajo asombroso." El premio Prince Philip Design Award, tiene ya más de 50 años, fue creado por el duque de Edimburgo en 1959 con el fin de estimular al empresariado. Los ganadores son elegidos por la calidad, la originalidad y el éxito empresarial de sus creaciones, así como también por el impacto de su contribución al mundo del diseño.

A pesar de las críticas, GRiD Compass 1101, es considerado el primer portátil del mundo y el primero en introducir el teclado clamshell. Desde el punto de vista del diseño, disponía de una carcasa de magnesio y la pantalla cerraba sobre el teclado, como los notebooks actuales. Pesaba alrededor de 5 kg y podía funcionar gracias a una batería. Las especificaciones técnicas incluían : Una pantalla con una resolución de 320x200 píxeles, una memoria de 384 kb, un procesador Intel 8086, y un sistema operativo especial llamado Grid OS y un módem con el que se podía conectar a los servidores centrales. Moggridge proyectó el portátil en 1979 - 1980, y este salió al mercado el 1982, teniendo un precio muy alto- 5000 libras, es decir entre 8000- 10.000 dólares. A pesar de no ser muy asequible, el GRiD Compass 1101 fue utilizado por el ejército de Estados Unidos y por la NASA.

Cuando hice mi primera libreta de los sueños, en 1994, tener un portátil parecía algo imposible, para un muerto de hambre como yo no era nada más que un sueño. Un sueño que se iba a convertir en realidad pocos años más tarde ya que esta maravillosa tecnología invadió el mundo y se hizo más asequible. Hoy en día, es muy frecuente ver a alguien con un portátil al borde de una piscina. Yo por ejemplo visito de manera habitual la piscina de la urbanización donde vivo para relajarme y escribir. Incluso ahora mientras escribo este libro estoy aquí en mi tumbona, bajo una sombrilla, disfrutando de esta sensación única.

Olvidé por completo las primeras fotos que puse en mi libreta de los sueños, pero un día ojeándola, después de 20 años, me di cuenta que el 90% de los sueños que escribí ya se han cumplido y el 10% restante ya no me parecen interesantes, aunque en aquel entonces los veía estrictamente necesarios. Por ejemplo, una Harley Davidson que tenía puesta allí y que podría tener hoy en día, por el camino la descarté, me di cuenta que las motos en realidad no eran mío. Prefiero mi descapotable de 2 plazas con el que voy adonde quiero, siempre descapotado, teniendo en cuenta que vivo en una zona donde todo el año es verano.

Aquí donde vivo no baja de los 24 grados en invierno y no pasa de los 30 grados en verano. Es la isla de la primavera infinita. Podría ser el paraíso soñado de cualquier persona. Yo ya lo encontré y tú también lo encontrarás, solo tienes que seguir buscando un poco más. Me gusta este sitio porque es una isla vacacional donde viene gente feliz a sentirse bien y donde todo el año puedes tomar el sol, nadar en el océano y sentirte como en unas vacaciones infinitas. Tú también podrás vivir aquí o donde quieras y empezar a sentir la satisfacción de vivir a plenitud.

El secreto de la vida y la abundancia

El secreto de la vida y la abundancia

Felicidades

Felicidades a Carlos Slim Helu de México, Bill Gates de USA, Warren Buffett de USA, Bernard Arnault de Francia, Amancio Ortega de España, Larry Ellison de USA, Eike Batista de Brasil, Stefan Presson de Suecia, Li Kashing de Hong Kong y Karl Albrecht de Alemania, son las 10 personas, que poseen las mayores riquezas del globo. Pero si lees sus biografías verás que todos empezaron desde cero. ¿Crees que hubieran llegado hasta aquí sin haber tenido acceso al Universo Paralelo? ¿Crees que si no hubieran podido acumular tales sumas sin haber accedido previamente a la Base Universal de la Información del Universo? Seguro que muchas veces te has preguntado: ¿Que es lo que sé y qué es lo que aún no acabo de comprender?¿Cómo han llegado ellos hasta ahí y yo estoy aún aquí en el fango? La respuesta es simple: ellos han tenido acceso la información que tú también posees ahora y supieron utilizarla en su propio beneficio.

Pero ahora ¡es tu turno! Incluso si no has entendido bien todo el libro, incluso si no has entendido nada de lo que te he dicho hasta ahora, eres un ganador. Te has convertido en un iniciado. Has llegado a aprender los siete pasos y puede que en el futuro los apliques. Es como cuando acabas la Facultad de Derecho, pero durante un tiempo te dedicas a otra cosa. Siempre podrás ejercer como abogado ya que te has graduado de la Facultad de Derecho. Aquí es lo mismo, has leído, te has convertido en un iniciado y puedes en cualquier momento poner en práctica los siete pasos hacia el éxito.

Las 7 llaves ahora están en tu bolsillo. Probablemente uses los pasos para crear una empresa con la que ni siquiera habías soñado. O quizás, si utilizas una llave o dos, representará igualmente un progreso en tu vida porque subirás uno o dos peldaños en tu inteligencia emocional, financiera y en la escala social. Es probable que muy pocas personas consigan seguir todos los pasos, y entrar de lleno en Universo Paralelo accediendo a toda la información pero puedes estar seguro que estas personas serán las siguientes en gobernar el mundo. Con estas personas seguramente me encontraré un día y beberemos Champagne anclados en alguna isla por las Bahamas o las Seychelles, por ejemplo, en un lugar apacible de los que me gustan para ir a meditar.

¿Tú a qué grupo perteneces? ¿Adónde quieres llegar? En algún lugar en mi interior sé que serás la persona con la que beberé Champagne para celebrar tu triunfo. ¿Qué Champagne traerás? Napoleón Bonaparte decía: "Bebo Champagne cuando gano para celebrar la victoria, pero también bebo cuando pierdo, para consolarme." ¿Vas a venir con tu yate o vas a alquilar alguno?¿Me vas a contar cómo empezaste tu primer negocio con 50 € y cómo llegaste a tus primeros 100 mil euros?¿Como cada uno de tus empleados te conocen en persona y que les conoces y te importan sus problemas?

Si, te estoy hablando a ti que tienes este libro en las manos, dentro de ti sabes que nos vamos a ver porque tú eres el elegido. No tiene que importarte lo que dicen los demás de ti, los demás no te conocen cómo te conoces tú mismo. Los vas a utilizar como marionetas para conseguir la llave de tu independencia financiera. Tú eres especial. Tú has tenido la oportunidad de tener este libro. Tú eres la persona con quién voy a beber el Champagne. Tienes total confianza en ti mismo. Lo puedes conseguir. Cada vez que necesites ayuda para conseguir el valor de echar hacia adelante, aprieta fuerte este libro y repite en voz alta: ¡Soy el elegido! ¡Soy el más fuerte! ¡Lo voy a conseguir!

Fin.

El secreto de la vida y la abundancia

www.ingramcontent.com/pod-product-compliance
Lightning Source LLC
Chambersburg PA
CBHW031533210526
45464CB00014B/2484